Animales en la sabana

Julie Murray

Abdo Kids Junior es una subdivisión de Abdo Kids
abdobooks.com

Abdo
HÁBITATS DE ANIMALES
Kids

abdobooks.com

Published by Abdo Kids, a division of ABDO, P.O. Box 398166, Minneapolis, Minnesota 55439.

Printed in the United States of America, North Mankato, Minnesota.

102021

012022

THIS BOOK CONTAINS RECYCLED MATERIALS

Spanish Translator: Maria Puchol

Photo Credits: iStock, Shutterstock

Production Contributors: Teddy Borth, Jennie Forsberg, Grace Hansen

Design Contributors: Candice Keimig, Pakou Moua, Dorothy Toth

Library of Congress Control Number: 2021939714

Publisher's Cataloging-in-Publication Data

Names: Murray, Julie, author.

Title: Animales en la sabana/ by Julie Murray

Other title: Animals in savannas. Spanish

Description: Minneapolis, Minnesota: Abdo Kids, 2022. | Series: Hábitats de animales | Includes online resources and index

Identifiers: ISBN 9781098260675 (lib.bdg.) | ISBN 9781098261238 (ebook)

Subjects: LCSH: Animals--Habitations--Juvenile literature. | Habitat (Ecology)--Juvenile literature. | Savanna animals--Juvenile literature. | Savannas--Juvenile literature. | Savanna ecology--Juvenile literature. | Spanish language materials--Juvenile literature.

Classification: DDC 591.52--dc23

Contenido

Animales en la sabana

En la sabana viven muchos animales. El clima es caluroso y **seco**.

Las cebras viven en **manadas**.

Así se protegen.

Las jirafas son altas. ¡Pueden medir 20 pies (6.1 m)!

Los leones viven en grupo,

se llama **manada**.

Los guepardos son muy rápidos. ¡Pueden llegar a correr a 75 millas por hora (120 km/h)!

Los impalas tienen cuernos. Los cuernos son largos y curvados.

Las avestruces son aves muy grandes. No pueden volar.

Los rinocerontes se echan en el lodo. Esto mantiene su cuerpo fresco.

Los elefantes tienen unas trompas muy grandes. ¡Las usan para beber agua!

Más animales en la sabana

la gacela

la mamba negra

el ñu

la suricata

Glosario

manada

grupo de animales salvajes que se alimentan y se mueven en grupo.

seco

que llueve muy poco o nada.

Índice